AF434106

LA ESPIRAL DEL (DES)AMOR

ExLibric

IRENE VIGUÉ-GUIX

LA ESPIRAL DEL (DES)AMOR

EXLIBRIC
ANTEQUERA 2020

IRENE VIGUÉ-GUIX

LA ESPIRAL DEL (DES)AMOR

(*) En este poemario se utiliza el masculino genérico para dirigirse indistintamente a personas de ambos sexos.

Para mí.
Para ti.
Para ella.

CONFESIÓN DE LA AUTORA

Las páginas de esta obra cuentan cómo el (des)amor me ha ayudado a transformarme y a estar un poco más cerca de la versión de mí misma que quiero llegar a ser. Aunque podría haberme quedado esta historia para mí y mis círculos más cercanos, quería ir un paso más allá y compartirla también con quien quisiera escucharla. Así que voy a empezar contando algunos de los pasos que me han traído hasta aquí y que considero relevantes para la historia.

En algún momento de nuestra vida quizá nos hemos sentido perdidos, hemos tenido la sensación de que nos faltaba algo, o hemos vivido completamente desconectados de nuestro cuerpo. Así viví yo años y años de mi vida, aislada de todo lo que sentía, viviendo en mi propio mundo y sintiendo un vacío dentro de mí, que no conseguía llenar ni con comida, sexo, alcohol, viajes o libros, y que crecía más y más a medida que iba viendo la vida pasar.

Un día decidí darle mi mano a una terapeuta creativa y seguir haciendo camino a su lado. Tenía muchas preguntas sin respuesta y ella podía ayudarme. Sentada en ese sofá entendí muchas cosas sobre mí misma, mis heridas y mi vida. Aprendí que las heridas del presente nos tocan constantemente las heridas del pasado si estas no están cicatrizadas. Y para poder curarlas debemos mirar al miedo de frente y permitirnos sentir todas y cada una de las emociones que hemos reprimido a lo largo de nuestra vida. Y una vez las revivimos y sentimos en nuestro cuerpo es cuando empiezan a cicatrizar y podemos pasar página.

Me dediqué un año entero de mi vida exclusivamente a mí y rechacé cualquier relación sexo-afectiva que pudiese llamar a mi puerta. Quería dedicar toda mi atención, tiempo y energía a aprender a escucharme, respetarme, aceptarme y quererme (sin perderme en el ruido de afuera). Poco a poco aprendí a estar en contacto con mi niña pequeña y a darle lo que siempre había necesitado. Y entendí que el vacío que antes sentía era el mejor lugar donde podía empezar a cultivar mi amor propio.

Un día decidí que lo que me estaba dando a mí también quería compartirlo con alguien más. Así que volví a mirar hacia fuera y al cabo de muy poco tiempo me crucé con una persona con la que pude empezar a relacionarme de una forma más consciente y en sintonía con todo lo que había cultivado el último año. No fue un amor a primera vista ni empecé a ver la vida de color de rosa cuando nos conocimos, sino más bien el interés mutuo surgió al compartir experiencias profundamente íntimas bajo la luz de la luna. Fue en ese momento, al desnudar nuestras almas antes que nuestros cuerpos, cuando sentí muchas ganas de darle un abrazo sin reloj. Y es curioso, porque hasta ese momento rehuía las muestras de afecto, por lo que sentir esas ganas de abrazar a alguien a quien apenas acababa de conocer me descolocó y me despertó la curiosidad a partes iguales. Fue allí cuando supe que quería dejarle la puerta abierta e invitarla a entrar en mi vida.

Al lado de esta persona he vivido la historia que voy a contarte en estas páginas; la historia de cómo el proceso del (des)amor me ha transformado. Te invito a quedarte, ponerte cómodo y dejar que el (des)amor también te viva.

Gracias por estar aquí.
Te estoy abrazando.

IRENE

ABRIENDO LA JAULA DEL (DES)AMOR

«Fluir con la vida quiere decir aceptar lo que llega y dejar ir lo que se va».

Nisargadatta Maharaj

CUÉNTAME UN CUENTO

Desde que nuestros caminos se cruzaron
he estado imaginándome
cómo sería nuestro primer beso,

y preguntándome
qué les dirían mis labios a los tuyos,
si alguna vez se encontrasen.

SIN PRISAS Y A FUEGO LENTO

Hacía tiempo que…
    no me ponían tan nerviosa
    unos brazos alrededor de mi cuello
    y una mirada tan llena de deseo;
    no oía el aleteo de las mariposas en mi estómago
    y sentía el anhelo de dejarlas volar
    ante un primer beso con alguien;
    no me sentía tan deseada y deseosa
    de compartir cuerpos en la intimidad,
    sin prisas y a fuego lento.

TÚ ESTÁS AQUÍ

Me gustas cuando…
    hablamos largo y tendido durante horas y horas,
    te inventas palabras y sigues hablando como si nada,
    perdemos la noción de la realidad y del tiempo,
    hacemos retiros espirituales sin salir de la cama,
    pierdo trenes en el sofá de tu casa,
    recorro y descubro tu cuerpo poco a poco,
    me das regalos sin envolver,
    me miras sólo como tú lo sabes hacer,
    me abrazas a kilómetros de distancia,
    me sostienes entre tus brazos cuando lo necesito,
    me dices que me quieres,
    eres tal y como eres.

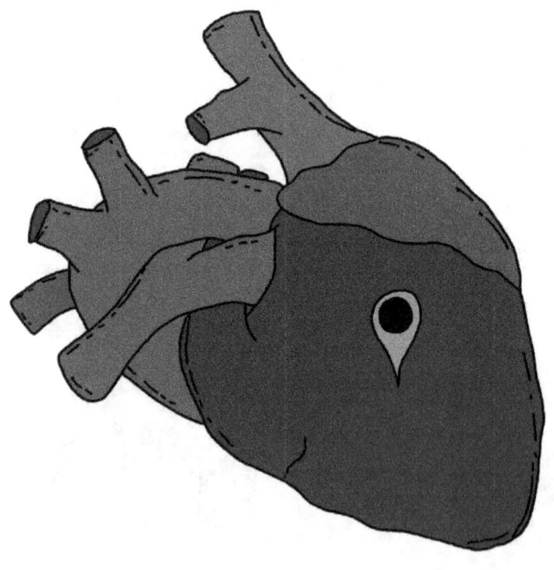

FOGOSAMENTE TIERNO

Esta noche
he vuelto a tener un sueño
fogosamente tierno contigo.

Si cierro los ojos,
aún puedo sentir
el calor de tu cuerpo contra el mío.

Y a tus dedos,
recorriéndome y llevándose por delante
todos los miedos que se encontraban por el camino.

AMARNOS EN EL TIEMPO

Quiero amarnos en pasado,
      por ser quienes hemos sido,
        con nuestras historias
          y nuestras heridas.

Quiero amarnos en presente,
      por ser quienes somos,
        con nuestros soles
          y nuestras sombras.

Quiero amarnos en futuro,
      por ser quienes seremos,
        con nuestros miedos
          y nuestras incoherencias.

¿DÓNDE ESTÁS?

Echo de menos…
    ver la sonrisa de tus ojos,
    escuchar el color de tu voz,
    dejar que nuestras miradas hablen por sí solas,
    decirte al oído que tenía ganas de verte,
    abrazarnos sin reloj,
    besarte sin prisas y a fuego lento,
    sentir la comodidad de mi cuerpo al lado del tuyo,
    trazar un mapa de tu cuerpo con mis dedos,
    reflexionar y teorizar sobre la vida contigo,
    hacernos preguntas existenciales,
    contarnos las aventuras que hemos vivido,
    abrir los ojos y ver que estás en mi cama,
    escuchar los sueños que has tenido,
    sentir tu presencia,
    saber de ti.

NUNCA SÉ SI VAS A ESTAR

No me gustas cuando…
    te olvidas de mí,
    cuando yo solo puedo pensar en ti;
    te necesito a mi lado
    y no estás (o no quieres estar);
    quiero contactar contigo
    y me encuentro con el vacío absoluto;
    desapareces de mi vida sin decir nada
    y sin saber si vas a volver;
    vuelves a dar señales de vida
    cuando menos me lo espero, como si nada.

QUIERO MÁS

No quiero…
 compartir mi vida solo contigo,
 sentirme atraída únicamente por tu mente y tu cuerpo,
 desnudarme solo frente a ti,
 perderme solo en tu mirada,
 escuchar solo tus historias y tus sueños,
 besar solo tus labios,
 perder la noción del tiempo solo a tu lado,
 tener sueños fogosamente tiernos solo contigo,
 pensar solo en ti todos los días,
 darte abrazos sin reloj solo a ti,
 imaginarme mi futuro solo contigo,
 vivirlo todo contigo,
 quererte solo a ti.
Quiero más.

DEJARNOS VOLAR

Siento que tal y como nos estamos relacionando últimamente
a mí no me está aportando lo que busco
en una relación a día de hoy.

Necesito sentirme vista, escuchada,
respetada, valorada, querida y cuidada.
Y ahora mismo no me estoy sintiendo así en nuestra relación.

Nos hemos dado mucho
y nos hemos compartido aún más.
Me quiero, te quiero y nos quiero.

Y por eso mismo
ha llegado el momento
de dejarme y dejarte volar.

HASTA SIEMPRE

Más que decirte adiós
quiero darte las gracias
por todo lo que hemos compartido
y por el amor que existió y sigue existiendo.

Si te cruzaste en mi camino
fue para que aprendiese a trabajar
lo que veía reflejado en tu espejo.
Y puedo asegurarte que así ha sido.

Ha sido increíble coincidir contigo
en este punto de la espiral de la vida.
Estoy segura de que nos volveremos a encontrar,
en esta vida o en otra.

Hay personas que llegan a nuestras vidas sin avisar y con quienes tenemos relaciones tan intensas en tan poco tiempo que parece que vengan del más allá. Son este tipo de relaciones (inmersivas, únicas e irrepetibles) las que nos dejan la puerta abierta y nos invitan a crecer como personas. Son relaciones regidas claramente por la *ley del espejo:* la otra persona se ve reflejada en mí y yo en ella. Y es en ese reflejo donde nuestras heridas más profundas se ven más expuestas, donde nuestros miedos más temibles salen de debajo de la cama y mostramos el lado más vulnerable de nuestro niño interior. Y es ese mismo reflejo el que nos ofrece la oportunidad de mirar hacia dentro y curar las heridas de nuestro niño interior, sin pretender que la otra persona lo haga por nosotros. Así pues, estas relaciones espejo nos ayudan a dejar ir lo que ya no necesitamos llevar más con nosotros, para seguir haciendo camino un poco más ligeros de equipaje.

REENCONTRANDO EL (DES)AMOR

REENCUENTROS EN EL CAMINO

Después de mucho tiempo
nuestros caminos se han vuelto a cruzar,
y siento que volvemos a empezar.

No desde cero,
ni desde donde lo dejamos la última vez,
sino desde otro punto de la espiral.

Yo ya no soy ese pájaro con miedo a salir de la jaula,
ni tú eres el mismo pájaro al que dejé ir,
ni nuestro vínculo es el que era.

Tuvimos que tomar tiempo y distancia
y dejar atrás lo que ya no nos hacía falta,
para poder reencontrarnos y seguir compartiendo el camino.

ME GUSTO/AS

No sé si me gustas tú,
me gusto a mí misma cuando estoy contigo,
o me gusta lo que veo reflejado en tu espejo.

Sea
lo que sea,
me gusta.

LA ENERGÍA DE LOS BESOS

Ojalá
estuvieras aquí
ahora mismo.

Te besaría muy despacio,
saboreando cada instante,
hasta perder la noción de la realidad.

Y yo dejase de ser yo;
y tú dejases de ser tú,
para poder fusionarnos y ser pura energía.

TE CONVENGO & ME CONVIENES

Una vez me dijiste que «yo te convenía»
y que no sabías si «tú me convenías a mí».
Por si no te acuerdas de mi respuesta,
te lo dejo escrito por aquí.

Sé lo que está encima de tu mesa
y lo que puedes darme y ofrecer a nuestra relación.
Y me das justo lo que necesito,
y siento que soy capaz de sostener ahora mismo.

Y si algún día eso cambia, te lo voy a decir,
al igual que espero que tú me lo digas a mí.
Así que, tal y como te dije en su día:
«Tú también me convienes».

TRAS EL SILENCIO

Una vez más
has vuelto a desaparecer de mi vida,
y esta vez lo he vivido desde la calma,
y no desde la tormenta.

Ahora sé que tu silenciosa ausencia
me toca mi herida más profunda,
siempre y cuando no me tenga a mí misma
y me pierda en tus ojos.

Y también sé por qué desapareces
y qué se esconde tras tu silencio:
tu forma de sostener la intensidad de tus vínculos
y de reforzar la relación que tienes contigo.

A TU LADO

Estoy aprendiendo a…
    …quererme antes que quererte,
    …quererte sin necesitarte,
    …mostrar todas mis soles y mis sombras,
    …compartir mis miedos más profundos,
    …dar sin esperar nada a cambio,
    …decir t'estimo mirándote a los ojos,
    …saber escuchar mi propio deseo,
    …saber leer tu cuerpo,
    …salir del limbo del querer y el hacer,
    …lanzarme a por besos,
    …llorar enfrente de ti,
    …permitirme que tus brazos me sostengan,
    …curar de mis heridas sin pretender que me cures.

QUIERO VIVIRLO CONTIGO

Siempre vas a ser muy importante en mi vida,
sigas o no sigas estando presente en ella.

Coincidir contigo y verme reflejada en tu espejo
ha sido de las mejores cosas que me han pasado en la vida.

Sé que podría haber vivido muchas cosas con otras personas
y, por eso mismo, me alegro de haberlas vivido contigo.

DEJAR IR NO ES DECIR ADIÓS

Hoy me he acordado de las palabras que me dedicaste
la última vez que desapareciste de mi vida:

«Vivo intensamente los vínculos cuando estoy delante,
y me cuesta sostener la intensidad del contacto en el tiempo».

«No soy la persona que está más presente en la vida de los demás,
sino que más bien aparezco y desaparezco».

Y mientras me las decías una vez más en mi cabeza,
te he dejado ir.
Porque dejar ir no es decir adiós,
sino dar las gracias.

SOLO TE PIDO UNA COSA

Si alguna vez dejas de quererme,
o dejo de sumarte (con lo que entiendas por eso),
o no quieres seguir compartiendo tu vida conmigo,
quiero que sepas que está bien.

Solo te pido (si puedo pedirte alguna cosa),
que si quieres irte de mi vida
no desaparezcas sin más
y te despidas de mí.

LA ESPIRAL DE LA VIDA

Sé que estás a kilómetros de distancia viviendo tu vida,
y que si vuelves a mi lado
es porque realmente quieres volver.

Y que cuando nos reencontremos (sea cuando sea),
nos pondremos al día de nuestras vidas,
y veremos en qué punto estamos de la espiral de la vida.

Hasta entonces, yo voy a seguir con mi vida,
sin que tu ausencia me pare o me condicione,
y sintiendo el hilo rojo que nos une.

A veces, tomar tiempo y distancia en una relación nos permite cambiar la forma en que la miramos y nos ayuda a volver a nuestro propio centro. Y si alguna vez los caminos se vuelven a cruzar, podemos retomar la relación desde un punto distinto al de donde se dejó. Porque ya no somos las mismas personas que caminaban juntas y compartían camino, sino que hemos cambiado al andar un tiempo en solitario. Por tanto, tenemos que reconocernos y reencontrarnos de nuevo. Y si lo hacemos hablando de forma clara, sincera y abierta, podemos entender más a la otra persona, a nosotros mismos y a la relación en sí. Y poco a poco, al relacionarnos desde la honestidad y la vulnerabilidad, podemos llegar a sentirnos tan y tan conectados a la otra persona que se puede incluso tejer un hilo rojo entre ambas que no entiende de espacio ni de tiempo.

EXPLORANDO EL (DES)AMOR

*«Las emociones son el resultado de cómo experimentamos,
física y mentalmente, la interacción entre nuestro
mundo interno y el mundo externo».*

ELSA PUNSET

NUEVOS HORIZONTES

Había olvidado lo que se sentía
al tener una primera cita con alguien:

El cosquilleo de emoción ante la novedad
y los nervios a flor de piel al salir de la zona de confort.

La intriga de saber cómo irá el encuentro
y la curiosidad de descubrir a la persona que tienes delante.

La voluntad de abrirte para dejarte ver
y la honestidad de poner las cosas sobre la mesa.

Las ganas de sentirte deseada y deseosa
y de dejarte llevar por la situación.

ESTRELLA FUGAZ

Qué mágico
encontrarte con alguien
que te pueda dar lo que necesitas
en un determinado momento.

Y que tú, a la vez,
también puedas ofrecerle
lo que está buscando
en ese preciso instante.

Me siento como si,
al estar contemplando el cielo,
hubiese visto una estrella fugaz
así que voy a pedir un deseo.

SEGUIR AL INSTINTO

La de cosas que nos podrían llegar a pasar
si en vez de dejarnos llevar por el miedo,
dejásemos que nos guiase el instinto.

De ser así, podríamos…
        vivir muchas más aventuras,
        tener citas de días enteros,
        follarnos más a las mentes,
        compartir cuerpos en la intimidad,
        descubrir partes de nosotros que desconocíamos,
        perdernos en las calles de nuestra propia ciudad,
        besar labios desconocidos,
        dejar que la vida nos sorprenda.

ME QUEDO CON ESO

No me quedo…
    ni con lo que nos hemos dicho,
    ni con lo que hemos hecho,
    ni con lo que hemos compartido,
    ni con lo que nos hemos contado sin palabras.

Me quedo…
    con lo que he sentido a tu lado.

HILO ROJO

Cuando te echo de menos
sintonizo con nuestro hilo rojo
y puedo saber cómo estás en ese momento,
sin necesidad de hablar contigo.

Y me emociona poder hacerlo,
porque quiere decir
que estamos creando un lazo muy fuerte
que no entiende ni de espacio ni de tiempo.

REGALAROS BESOS

Tengo ganas de veros
y de daros un beso.

Y que si os gusta,
me deis otro.

Y que si no os gusta,
me lo devolváis.

ASÍ, SIN MÁS

No se me quita de la cabeza
la imagen de nuestros cuerpos desnudos
bañándose en una misma bañera,
bajo la luz de las velas
y con música de fondo.

Y cómo,
sin dejar de miramos a los ojos,
nos acariciamos lentamente,
nos besamos despacio
y dejamos que nuestros cuerpos hablen entre sí.

CLICK

Hoy me he dado cuenta de varias cosas
mientras pensaba en nuestra relación:

Jamás había conocido y vivido el amor así,
de una forma tan profundamente intensa.

Me das más lo que necesito (realmente) vivir
que lo que quiero (caprichosamente) de ti.

Yo no significo lo mismo para ti
que lo que tú significas para mí.

Tú no estás aquí,
y yo no estoy allí.

DONDE CABEN DOS CABEN TRES

Ojalá estuvierais aquí ahora mismo…
    llenando los huecos de mi cama
    con vuestros cuerpos desnudos;

    respirando el mismo aire que yo
    y dejándome sin aliento;

    trazando mil mapas distintos
    con los lunares de nuestros cuerpos;

    besándonos muy despacio
    y descubriéndonos sin prisas y a fuego lento.

¿CÓMO LO HACES?

55

Justo cuando pienso
que ya me has enseñado
todo lo que tenía que aprender de ti
y siento que es el momento de dejarte ir,
llegas tú, otra vez,
y me presentas ante mis ojos
un nuevo mundo por descubrir.

Es muy poco probable encontrar a una única persona que nos pueda dar lo que queremos y necesitamos en todo momento, más allá de nosotros mismos. Puede suceder que queramos vivir una experiencia en un determinado momento de nuestra vida y que la persona con quien queremos vivirlo no pueda o no quiera. Y puede suceder que aparezca otra persona que sí puede y quiere compartir esa experiencia con nosotros. En ese momento, podemos esperar a que la persona con quien queremos vivirlo también pueda y quiera (y frustrarnos, si eso no pasa) o podemos desapegarnos de la idea de que tiene que ser con esa persona y optemos por vivirlo con la otra. Adentrarnos en esta segunda opción puede mostrarnos que no tenemos por qué vivirlo todo con una única persona y que la diversidad nos puede enriquecer, dándonos una visión mucho más amplia de nuestra forma de relacionarnos, de vivir el amor y de descubrir la sexualidad (tanto propia como ajena). Y esta diversidad no divide, sino que suma.

VIVIENDO EL (DES)AMOR

«¿Alguna vez has tenido un sueño que pareciera tan real
que no lo puedes distinguir de la realidad?
Y si no pudieras despertar de ese sueño,
¿cómo sabrías que estás soñando?»

TRINITY (MATRIX)

TÚ & YO

Nos…
    emocionamos,
    abrazamos,
    compartimos,
    valoramos,
    amamos,
    vivimos,
    sentimos,
    pensamos,
    adoramos,
    agradecemos,
    inspiramos,
    merecemos,
    crecemos.

EL ÚLTIMO DESEO

He soñado que hacíamos el amor
y follábamos durante toda la noche.
Y menudo bajón he tenido
al abrir los ojos
y ver que no estabas en mi cama,
para poder seguir tocándote.

TÉRMINOS & CONDICIONES

Ayer me comentaste que querías cambiar
los términos y las condiciones
del contrato (implícito) de nuestra relación.

Me confesaste que ya no te movía el deseo sexual hacía mí
y no me veías más como tu amante,
sino como tu compañera de viaje.

Que si necesitaba un tiempo para hacerme a la idea,
que lo tomase sin dudarlo
y podíamos reencontrarnos más adelante.

Y yo, mientras te escuchaba hablar,
solo podía pensar en lo que ya no podíamos ser
y sentía como todo mi mundo se hundía bajo mis pies.

UN MAR DE REACCIONES

Al principio, llegó el enfado,
al ver que no había deseo sexual en tu mirada.

Luego, llegó la desilusión,
por no poder hacer realidad las expectativas que tenía contigo.

En este punto, llegó la tristeza,
y dejé salir todas las lágrimas que llamaron a mi puerta.

Después, llegó la calma,
y entendí que no puedo (ni quiero) controlar lo que deseas.

Finalmente, llegó el amor,
y sentí que mi amor por ti va más allá de ser amantes.

MI BLOQUEO MENTAL

Mi mente
aún no se hace a la idea
de que nuestra relación
ya no sea como ella quiere.

Parece ser
que no te estás comportando
como lo que haría
la idea que tiene de ti.

CHOQUE CON LA REALIDAD

Siento resistencia a...
    dejarme llevar por la situación,
    y dejar de intentar tener el control;

    dejar ir la vida que quería vivir a tu lado
    y disfrutar de la que estamos viviendo;

    dejar de ser quienes éramos
    y ser quienes somos ahora;

    dejar de centrarme en mi propia versión de la realidad
    y visibilizar nuestras realidades en conjunto;

    dejarte ir
    y quedarme en mi propia jaula.

DUALIDAD CUÁNTICA

Una parte de mí
acepta la nueva situación,
respeta tu cambio de lugar en la relación
y piensa que es lo mejor que nos podía pasar.

Sin embargo, otra parte de mí
sigue transitando por el mar de reacciones;
no quiere dejar de vernos como amantes
y le cuesta aceptar que tengamos que dejar de serlo.

TIEMPO MUERTO

67

Sé que me va a llevar un tiempo
integrar el cambio de rumbo en nuestra relación
y dejar ir todas las expectativas y fantasías que tenía contigo.

Y también sé que te quiero a mi lado durante este tiempo,
aunque eso implique que no estés
de la forma en que me gustaría que estuvieses.

MI MÁGICO OLVIDO

Me había acostumbrado tanto a…
 pensarte cada día,
 escucharte atentamente,
 contarte todo lo que vivía,
 desearte en mis fantasías más húmedas,
 vivirte tan intensamente,
 tenerte tan presente en mi vida,
que me había olvidado de mí.

MI MOMENTO

Siento que ha llegado el momento
de ponerme en el centro
y conocerme más a fondo.

Quiero observar los pensamientos de mi mente,
las sensaciones de mi cuerpo
y las emociones que me atraviesan por dentro.

Necesito aprender a darme
todo lo que necesito,
sin esperar que nadie me lo dé desde fuera.

Quiero pasar más tiempo conmigo,
amarme tal y como soy
y dejar que la vida me viva.

Ha llegado el momento de volar.

La vida, al igual que nosotros, está en constante cambio. Somos, dejamos y volvemos a ser cada día, cada hora, cada segundo. Paradójicamente, nos dan miedo los cambios, desapegarnos de las personas y los sitios, y salir de nuestra zona de confort. Solo cuando nos rendimos ante la vida y aceptamos que hay cambios constantes, que las personas van y vienen y que todo pasa, podemos sentir que estamos vivos de verdad y reencontrarnos con nosotros mismos. Al mirar hacia dentro, podemos observar el poder que le damos a nuestra mente y entender que la realidad absoluta no existe, sino que vemos el mundo tal y como somos. Y si escuchamos más allá de la historia que nos cuenta nuestra mente, podemos incluso darnos cuenta de que no somos ni nuestros pensamientos, ni nuestras emociones, ni nuestras sensaciones. Somos pura energía.

DECONSTRUYENDO EL (DES)AMOR

«Lo que más determina lo que vas a experimentar en el futuro es la calidad de tu conciencia en este momento».

ECKHART TOLLE

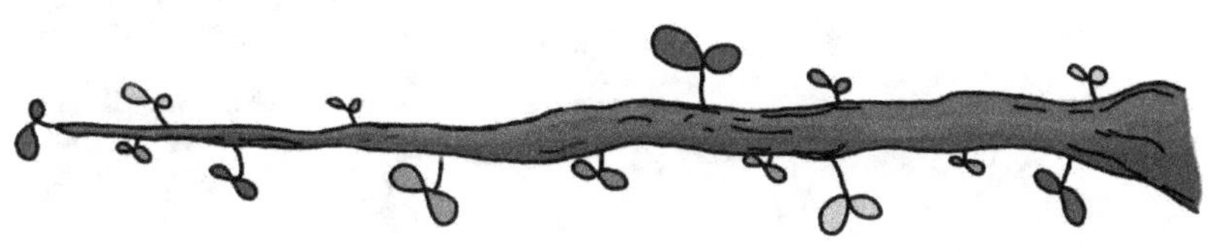

SENTIR TU OLOR

Hoy,
no sé por qué,
echo en falta
tenerte cerca,
abrazarte bien fuerte
y sentir tu olor.

SIGUES EN MI CABEZA

75

¿Cómo es posible que,
aun sabiendo que no me deseas,
siga fantaseando contigo?

¿Cómo puede ser
que mi mente me pare estas trampas
y me sea tan fácil caer en ellas?

¿Por qué me hago esto a mí misma
y sigues estando en mi cabeza
dando vueltas en bucle?

INCOHERENCIA
SENTIPENSANTE

Mi mente…
    sigue pensando que conmigo serías más feliz,
    te desea y quiere tener sueños húmedos contigo,
    no respeta el cambio de rumbo en la relación
    y vive en su propio mundo.

Mientras que mi cuerpo…
    sintoniza con mi intuición,
    se siente a gusto en mi nuevo lugar en la relación,
    se centra en mí
    y vive el momento.

Ojalá algún día se pongan de acuerdo
y vayan ambos en la misma dirección.

VISIBILIZANDO EL DESEO

77

Aunque nuestra relación haya cambiado,
y ya no seamos amantes,
mi amor y mi deseo hacia ti no se han ido:
siguen aquí.

¿Por qué debería dejar de desearte
de la noche a la mañana,
solo porque tú
ya no me deseas del mismo modo?

¿Por qué debería reprimir
el deseo que siento por ti
si sigo sintiéndome atraída
y te sigo deseando?

PURAS FANTASÍAS

Cuando me encuentro fantaseando contigo,
siento cómo se despierta mi deseo
y recorre todo mi cuerpo.

Y no me niego vivirlo,
sino que me permito habitarlo
y me dejo llevar hacia donde me lleve.

Porque siento el deseo más vivo que nunca
y sé que mis fantasías contigo
se quedan solo en eso: fantasías.

LO QUE TENGO

Sé que siempre voy a quererte,
y seguramente voy a seguir
sintiéndome atraída por ti.

Quién sabe,
quizás este deseo
va a ir transformándose con el tiempo.

Lo que sí sé
es que no quiero quedarme con lo que me falta,
sino que prefiero centrarme en lo que tengo.

MÁS ALLÁ DE TU REFLEJO

Quizá no es contigo
con quien tenía que vivir
lo que quería vivir a tu lado.

Y tu reflejo en el espejo
me ha servido para ver
lo que quiero vivir y compartir con alguien.

Y tenía que ser contigo
con quien tenía que verlo,
para poder vivirlo más allá de tu reflejo.

EL SIGNIFICADO DE LA ESPIRAL

Mirando hacia atrás
veo como se han repetido muchas vivencias
a lo largo de nuestra relación,
y como cada situación,
por muy parecida que pudiese ser de las otras,
era completamente distinta e irrepetiblemente única,
por el mero hecho
de que ya no éramos las mismas personas en ese punto
y teníamos la experiencia de las veces anteriores.

ME SUMAS

Me alegra que,
aunque no nos relacionemos más como amantes,
podamos seguir cultivando nuestra relación,
desde el amor y la amistad que nos une.

Me siento muy afortunada
de que sigas presente en mi vida
y me des la mano mientras ando mi propio camino.

Me demuestra, una vez más,
que nuestro amor está vivo
y se va haciendo más y más fuerte,
a medida que tú y yo vamos creciendo.

REECONTRÁNDOME

Siento que ahora mismo necesito mirar hacia dentro y…
    dedicarme el tiempo que no me he dado,
    estar en contacto con mi esencia,
    amarme sin condiciones,
    rendirme ante mi mente,
    vaciarme de lo que ya no necesito,
    dejar ir las creencias que ya no me construyen,
    desearme como nunca he deseado a nadie,
    respetar mis ritmos,
    poner límites,
    seguir cultivando mi amor propio,
    reencontrarme conmigo misma.

A menudo necesitamos volver a nuestro centro y reencontrarnos con nosotros mismos para poder estar en contacto con nuestra verdadera esencia. Y desde allí, podemos conocer a nuestro ego, observar el papel que tiene en nuestras vidas y entender por qué nos cuenta una historia y no otra. Cuando estamos en contacto con lo esencial, podemos validar las incoherencias que nos habitan y aceptar lo que sea que nos esté atravesando por dentro: el deseo, la frustración, la dualidad, las incoherencias, el mar de reacciones... Y es desde la aceptación y no desde la resistencia, donde nos podemos relacionar verdaderamente con los demás y rendirnos a lo que es. Y comprender que por mucho que se termine una relación sexo-afectiva, sigue quedando la amistad y el compañerismo. Porque nos une algo más importante que el sexo: nos une el amor.

CULTIVANDO EL (DES)AMOR

«Aquel que mira fuera, sueña.
Quien mira en su interior, despierta».

CARL JUNG

LA PARADOJA DE LA JAULA

Tengo la sensación
de que he vivido enjaulada
toda mi vida,
esperando a que alguien
me viniera a salvar.

Cuando, en realidad,
tenía la puerta abierta
todo el tiempo
y podía salir de ella
cuando quisiera.

AMOR NO-DISPONIBLE

Cuando nuestros caminos se cruzaron por primera vez
me confesaste que no estabas disponible para mí.

Y hoy me he dado cuenta de que, en realidad,
yo tampoco estaba disponible (ni para mí, ni para ti).

Parece ser que apareciste en mi vida para que pudiese ver
mi propia no-disponibilidad reflejada en ti.

CLARIDAD INTERNA

Si la realidad que vivimos en el exterior
refleja nuestro propio mundo interior,
entonces al conocerme a mí misma puedo…
    estar en contacto con mis heridas más profundas,
    entender por qué atraigo a según qué personas,
    observar lo que busco en los demás,
    reconocer lo que no me estoy dando a mí misma,
    saber lo que puedo ofrecer y quiero recibir de los demás,
    encontrar la claridad dentro de mí,
    atraer a personas que estén en sintonía conmigo.

MI DECRETO

Quiero atraer a una persona que…
    respete mi libertad
    y se sienta libre a mi lado;
    se haya encontrado a sí misma
    y se alegre de que nuestros caminos se hayan cruzado;
    viva las relaciones conscientemente,
    consigo misma y con los demás;
    haya conocido a su niña interior
    y la cuide como no la cuidaron cuando era más pequeña;
    viva la vida como un eterno viaje
    y elija cada día con quién quiere compartir el camino;
    haya explorado su propia sexualidad
    y quiera compartirla conmigo.

LO QUE ES, ES

Siento que todo
tenía que pasar como pasó,
y no cambiaría nada
de lo que hemos vivido.

Me doy cuenta de que,
al cambiar el rumbo de nuestra relación,
nos hemos dado la oportunidad
de amarnos más y mejor.

Así que,
gracias
por todo este amor
lleno de aprendizajes.

SOY AMOR

Estoy descubriendo en mí
todo un mundo de sensaciones
que desconocía completamente.

He visto al amor bailar dentro de mí
y he sentido cómo quería expandirse
más allá de mi propia piel.

Y cómo al dejar que fluyese hacia fuera,
me ha envuelto una cálida sensación
que me ha dejado toda la piel de gallina.

EL ORIGEN DE MI DESEO

Estoy conociendo al deseo latente
que habita dentro de mí.

¿Por qué buscamos siempre el deseo fuera
y no lo vivimos desde dentro?

Siento que hasta que no me desee a mí misma
no podré realmente desear a los demás.

Todo empieza en mí,
y conmigo.

MIS PLACERES

Por primera vez en mi vida
siento que me estoy responsabilizando
de mi propio placer.

Ya no necesito encontrarlo fuera
ni espero que nadie me lo dé,
sino que lo busco dentro de mí.

Y al estar en contacto con mi propio deseo,
estoy redescubriendo nuevas formas de estar conmigo
y explorar mi propia sexualidad.

MI MEJOR AMANTE

Conecto con mi deseo,
sintonizo con mi respiración
y me empiezo a acariciar.

Exploro mi cuerpo con curiosidad,
sin prisas y sin pausas,
y me toco como nunca antes lo había hecho.

Y subida en mi propia nube de placer
descubro que soy
mi mejor amante.

LO TENGO TODO

Esa maravillosa sensación
de encontrar todo cuanto necesito dentro de mí,
sin esperar ni pretender
que nada ni nadie me lo dé desde fuera.

Y, desde este lugar,
puedo amar sin necesitar
y construir relaciones más conscientes
que me ayuden a seguir creciendo.

Es el amor que cultivamos con nosotros mismos y el que compartimos con los demás lo que nos transforma más como seres humanos. Y es esencial que nos queramos y nos deseamos a nosotros mismos antes de querer darlo u obtenerlo de fuera. Por qué si yo no lo tengo y no me lo doy a mí misma primero, no se lo puedo dar a los demás ni tampoco realmente recibirlo. En cambio, si estoy en contacto conmigo misma, puedo darme el amor que necesito y conectar con el deseo que me habita, sin tener que buscarlo fuera. Estar en nuestro centro nos facilita que nos demos cuenta de lo que queremos y necesitamos en la vida, de lo que tenemos pendiente de resolver con nosotros mismos, del impacto que causamos en los demás y de la impronta que dejamos en el mundo. Y nos ayuda a comprender que el desamor, en realidad, no existe. Solo hay amor.

MI MENSAJE

Ojalá fuésemos más los que…
    cultivemos nuestro amor propio
    y busquemos en nosotros mismos lo que necesitamos;

    vivamos relaciones más conscientes
    con nosotros mismos y con quienes nos rodean;

    veamos la vida como un eterno viaje
    y escojamos cada día con quiénes queremos compartirlo;

    nos atrevamos a ver la jaula de nuestras mentes
    y nos demos el permiso para salir a volar.

AGRADECIMIENTOS

Todas las personas que voy a nombrar aquí ya saben lo que les voy a decir. Aun así, voy a dejarlo escrito por aquí para que lo puedan leer siempre que quieran.

Mireia, a tu lado he vivido tantas cosas que podría escribir un libro entero como este. Gracias por aparecer en mi vida y decidir quedarte. Me encanta compartir contigo mi camino por la espiral de la vida y que tú, a la vez, hagas lo mismo conmigo. T'estimo molt.

Alba, gracias por dejarte ver cuando nos encontramos en plena oscuridad. Eres la mejor compañera de viaje que podría tener a mi lado. Somos como la noche y el día, y eso nos complementa. Gracias por vivir conmigo todo el proceso de creación de este libro y por todos tus maravillosos consejos. Por muchas más historias compartidas contigo. T'estimo!

Mama, ojalá estuvieras aquí y pudieras tener este libro en tus manos para leer estas frases dedicadas a ti. Hace ocho años que no puedo abrazarte y, aun así, te sigo sintiendo muy cerca, como si de algún modo no te hubieras ido nunca. Gracias por ser la madre que fuiste. Sé que hiciste todo lo que pudiste en cada momento y tuviste que irte para seguir haciendo tu camino. Gracias por todo lo que me has dado en esta vida. Este libro también es tuyo. T'estimo molt, mama.

Sergi, gracias por ser mi hermano de vida y ser como eres. Aunque no lo sepas, me ayudas a levantarme cada vez que tropiezo con una piedra sin tener la necesidad de salvarme de ella. Gracias por estar a mi lado desde que llegué a este mundo. T'estimo molt, Teti.

Gracias a mi familia. Sois el origen de mis raíces y habéis estado a mi lado siempre que lo he necesitado. Gracias por todo este amor. Us estimo!

Ikram, gracias por confiar en mi proyecto de arte desde que empecé a mostrar mis dibujos. Es un placer tenerte cerca y escucharte. Gracias por ser y estar. T'estimo!

Emma, gracias por darme la mano cuando estaba tan perdida. En tu sofá conocí a mi ego, me desprendí de mi armadura y me reencontré con mi niña pequeña. Aprendí que tengo las herramientas suficientes para gestionar mis emociones y darme lo que siempre he necesitado. Me acompañaste en el proceso de dejar un lado a mi mente y bajar al cuerpo para conectar con todo lo que no me había permitido sentir en mi vida. Gracias por todo. Te abrazo desde aquí.

Alice, gracias por escucharme siempre que lo necesito, darme tus maravillosos consejos y hacerme más llevadero el camino. Es un placer tenerte cerca y poder contar contigo. Barcelona sin ti no sería lo mismo. I love you!

Eu, gracias por aparecer en mi vida justo en el momento en que lo hiciste. Me ayudaste a ver que yo tengo el poder de cambiar lo que atraigo a mi vida. Gracias por tus consejos y por acompañarme hasta el final el libro. Te abrazo.

Gracias a todos mis amigos y amigas, compis de piso, colegas, compañeros y compañeras con quienes comparto mi camino. Os mando un abrazo gigante.

Gracias a todos los pájaros que me he encontrado por el camino y me han ayudado a ver hacía donde tenía que volar. Necesitaba encontrarme con todos vosotros para estar justo aquí, dónde estoy. Gracias por cruzaros en mi camino.

Gracias a Carlos y a toda la editorial ExLibric por decidir adoptar este libro en su catálogo de libros y ayudarme a que este poemario llegue a más hogares.

Gracias a ti, que tienes este libro entre tus manos, por escuchar toda mi historia y haber llegado hasta aquí. Espero que hayas disfrutado con este poemario y te hayas dejado vivir por la espiral del (des)amor. Y si además de disfrutarlo, te has visto reflejado en alguno de los versos o ilustraciones, entonces ya habrá valido la pena darle vida a este libro.

Gracias a todas mis yos del pasado por haberme traído hasta aquí y por ser tal y como habéis sido, con vuestros soles y vuestras sombras. Gracias por haber tomado las decisiones que tomasteis en todo momento. Cada paso que habéis dado me ha traído más cerca de quién soy ahora y de estar dónde estoy. Siento que este libro es tan solo el principio y nos queda aún mucho camino por andar.

Gracias a la vida por sorprenderme y traerme este libro en mi vida. Ha llegado justo en el momento en que más lo necesitaba. Supongo que estaba preparada para escuchar todo lo que tenía que decirme a mí misma.

Gracias, adiós y gracias.

ÍNDICE

IRENE VIGUÉ-GUIX
@eneri.arte
www.eneriarte.com

SOBRE LA AUTORA

Irene Vigué-Guix (01/10/1993). Soy post-olímpica y crecí rodeada de montañas. De pequeña firmaba mis dibujos bajo el seudónimo de Eneri (mi nombre al revés) y de mayor lo sigo haciendo. Hoy en día tengo las etiquetas de ingeniera biomédica, neurocientífica, artista sentipensante e ilustradora afectiva. Las guardo por si algún día ya no me hacen falta y quiero devolverlas. Siempre tengo unos cuantos libros empezados y leo el que más me apetece según el momento. Desde que perdí el reloj un fin de año vivo más el ahora y tengo más claro que el tiempo no existe. Cada vez me cuesta más planificar mi vida. Prefiero darle rienda suelta a la improvisación y dejar que la vida me sorprenda. Soy lo que como, bebo y respiro. Tengo memoria selectiva. Tiendo a buscar la armonía en todos los ámbitos de mi vida. Me cuesta gestionar la rabia, la ira y la frustración (me lo estoy trabajando). Me gusta mucho estar conmigo y necesito mi propio espacio. Me adapto con facilidad a las situaciones, las personas y los sitios. Tengo el corazón lleno de heridas y abierto de par en par. Desde que he aprendido a quererme y respetarme más a mí misma me relaciono de forma más sana y consciente con los demás. Cuando dejo ir (cosas, personas, lugares, situaciones, emociones…) me libero y peso mucho menos. Nunca he tomado clases de dibujo y desde que empecé a mirar hacia dentro siento la necesidad de conectar con lo esencial y expresarme a través del arte. Hace un par de años hice punta al lápiz y creé **Eneri.Arte,** un proyecto artístico-terapéutico que utilizo para liberarme y compartir lo que me atraviesa por dentro mientras dejo que la vida me viva. Las ilustraciones, los *prints,* los poemarios y los fanzines son algunos de los resultados materiales de mi propia experiencia. Si has llegado hasta aquí te invito a quedarte.